ABÉCÉDAIRE
DES
ARTS ET MÉTIERS,

précédé et suivi

De Fables, d'un Traité d'Arithmétique, et de petits Complimens.

OUVRAGE

Où les Enfans peuvent, en apprenant à lire, puiser quelques idées des Arts les plus utiles à la Société.

Orné de 25 Figures et de 2 titres lithographiés.

AUTUN,

BAYET AÎNÉ, LIBRAIRE,

1834.

LES PETITS TRAVAILLEURS.

ABÉCÉDAIRE

DES ARTS ET MÉTIERS,

OUVRAGE INSTRUCTIF

Mis à la portée de la Jeunesse,

Suivi

de quelques fables, d'un petit traité d'arithmétique, et de quelques leçons de civilité.

Ouvrage entièrement neuf

Et orné de 26 Figures.

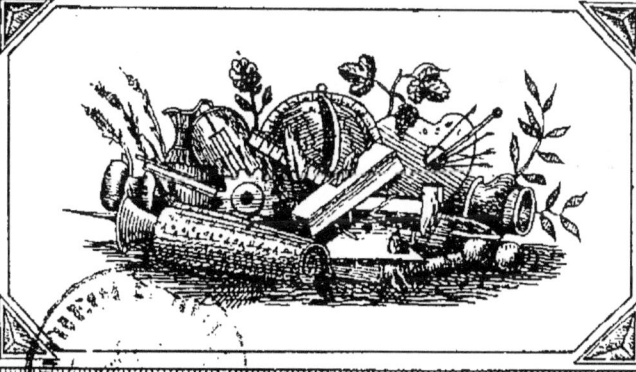

À DIJON,
Chez NOËLLAT Fils aîné,
Imprimeur et Lithographe,
Rue de la Liberté.

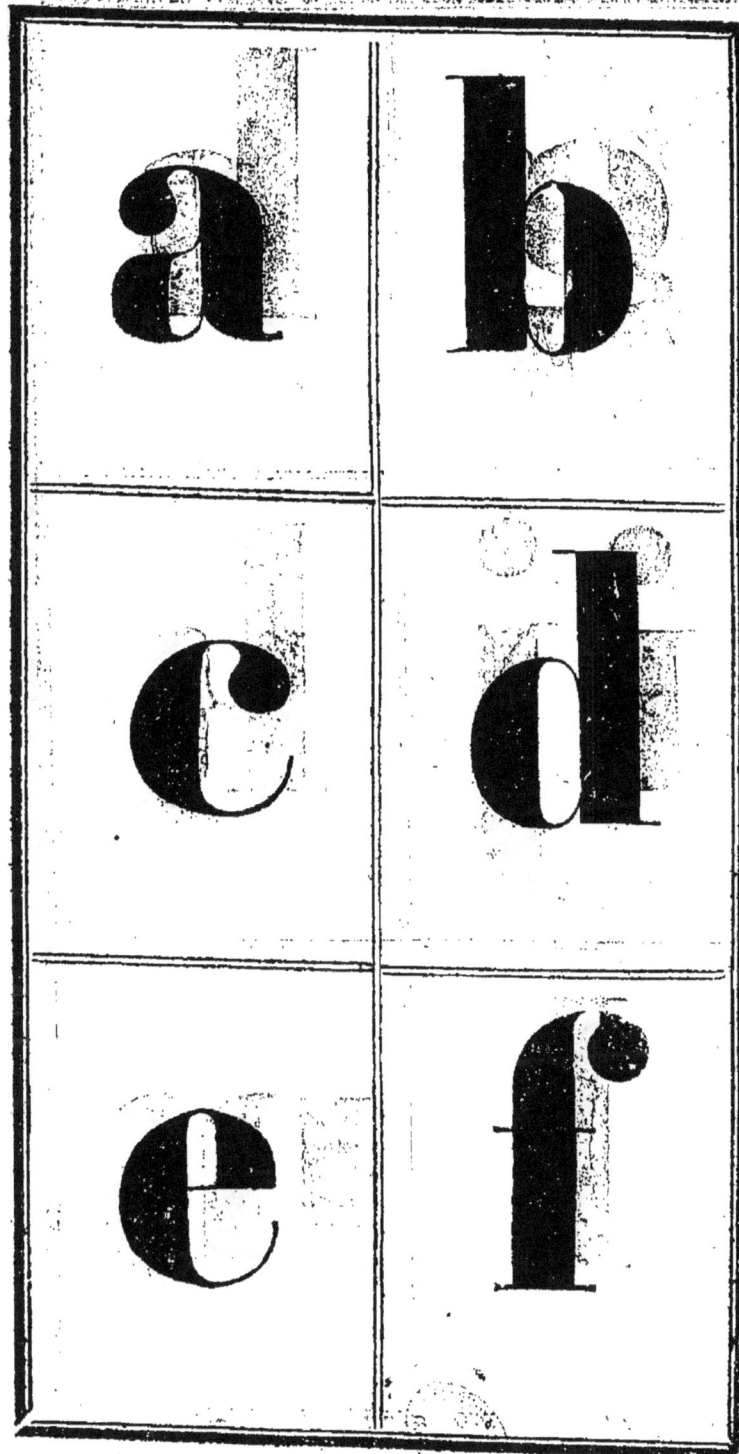

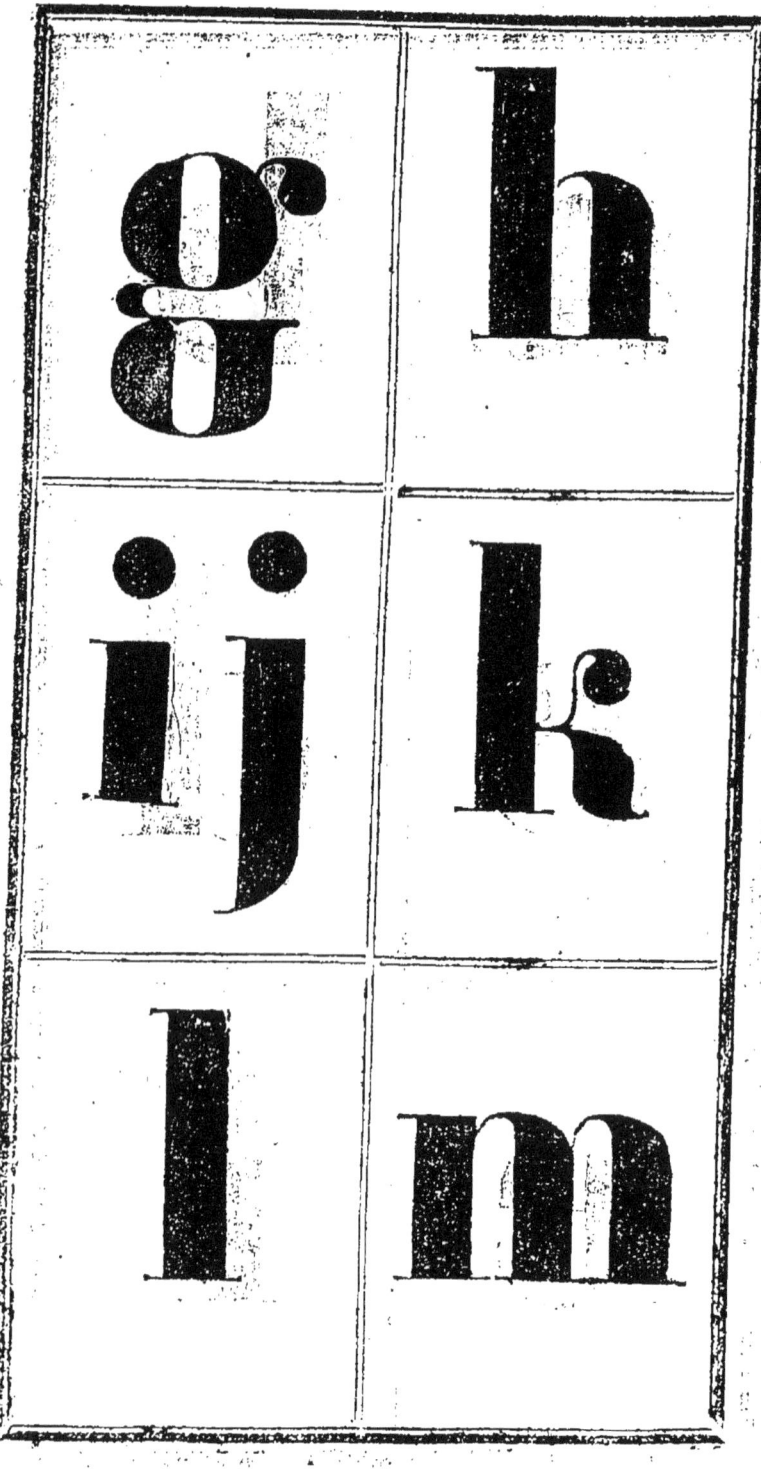

n	o
p	q
r	s

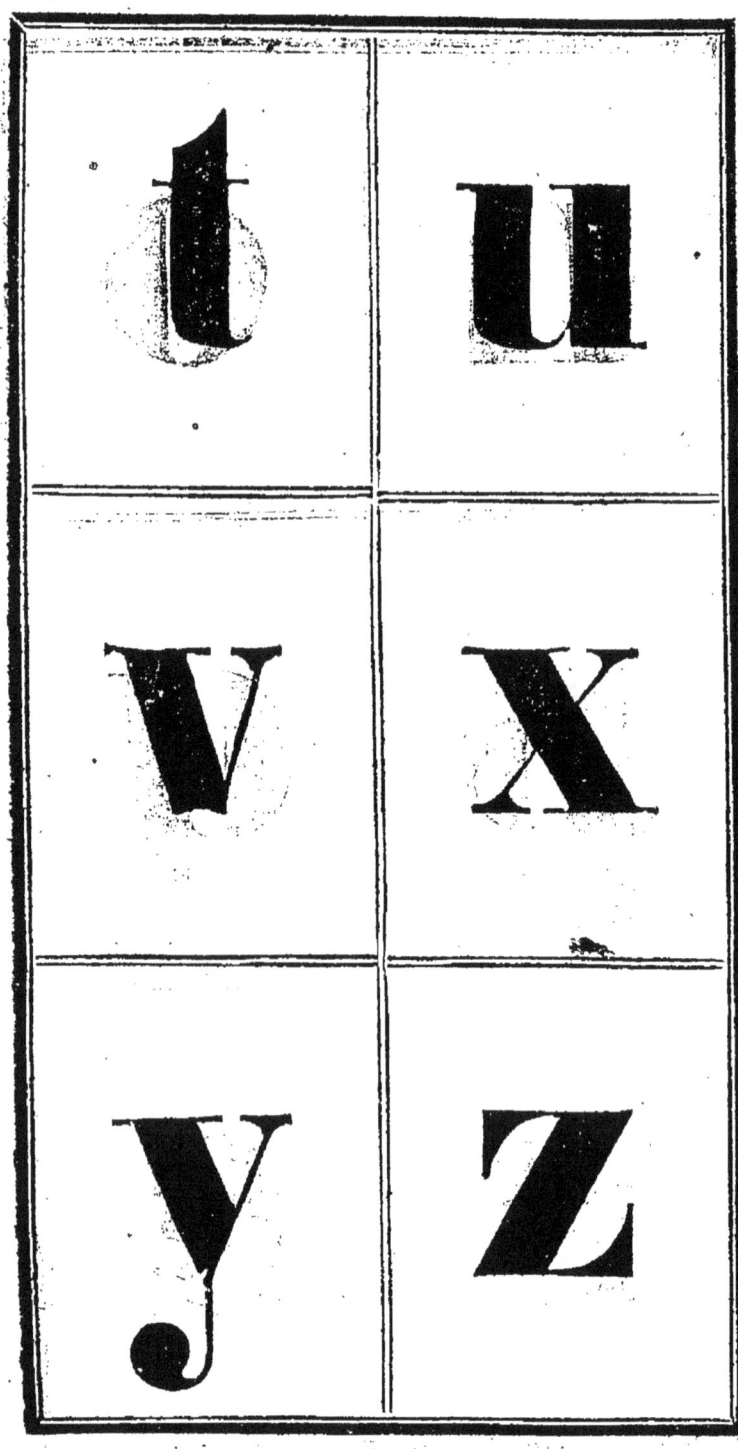

9.
Lettres capitales, ou majuscules.

A B C D

E F G H

I J K L

M N O P

Q R S T

U V X Y Z.

Capitales italiques.

A B C D

E F G H

I J K L

M N O P

Q R S T

U V X Y Z.

Lettres italiques.

a b c d

e f g h

i j k l

m n o p

q r s t

u v x y z.

VOYELLES.

a e i o u *et* y.

SYLLABES.

ba be bi bo bu
ca ce ci co cu
da de di do du
fa fe fi fo fu
ga ge gi go gu
ab eb ib ob ub
ac ec ic oc uc
ad ed id od ud
af ef if of uf
ag ig eg og ug
al el il ol ul.

abs ebs ibs obs
als els ils ols uls
bab beb bib bob
dad ded did dod
lal lel lil lol lul
pap pep pip pop
rar rer rir ror
sas ses sis sos
vas ves vis vos.

Mots plus difficiles à épeler.

Pa-pa, ma-man, fan-fan, che-val, mal-heu-reu-se.

Jou-jou, tou-tou, mi-mi, pe-tit, si-rop, gâ-teau, jar-din, rai-sin, rose, ar-bre, no-ti-on, ce-ri-se, pi-er-re, Cé-ci-le, mi-li-eu roy-au-me, pois, vo-lail-le, bois, co-quil-la-ge, riz, poi-re, que Dieu soit lou-é.

LETTRES ACCENTUÉES.

Accent aigu : é.
Accent grave : à è ù.
Acc. Circonflexe : â ê î ô û.
Tréma : ë ï ü.

Pâ-té

Mè-re

Pâ-tre

Maî-tre

A-pô-tre

Hé-roï-ne

MOTS ET PHRASES
A ÉPELER.

Le bas, | Le chien.
Le blé, | Le jour.
Le chat, | Le soir.
Le nez. | La nuit.
Le pain. | L'ar-bre.

Les bas sont de laine
Le blé est mûr,
Le chat miaule.
Mon nez est court,
Le pain est cuit.
Le chien est fidèle.
Bon jour, mon papa,
Bon soir, mon frère,
Bonne nuit maman,
L'arbre est haut,

MOTS A ÉPELER.

Di-vi-ni-té,
Hu-ma-ni-té,
Hom-me,
Fem-me,
A-ni-mal,
Vé-gé-tal,
Mi-né-ral,
Ver-tu,
Bon-té,
Do-ci-li-té,
Pa-pa,
Ma-man.

LEÇONS A ÉPELER.

Mes chers Enfans,

La lec-tu-re est bien l'ob-jet le plus pé-ni-ble, le plus a-ri-de, le plus re-bu-tant de vo-tre â-ge; mais quand un jour vous re-con-naî-trez que c'est la clé de tou-tes les sci-en-ces, le seul mo-yen de ré-us-sir dans les arts, com-bi-en ne vous es-ti-me-rez-vous pas heu-reux d'a-voir vain-cu tou-tes ces dif-fi-cul-tés! Com-bi-en n'au-rez-vous pas d'o-bli-ga-ti-ons à ceux qui vous au-ront gui-dés dans cet-te car-riè-re, a-pla-ni le che-min, et ai-dé à sur-mon-ter tous les obs-ta-cles! Ce n'est que dans quel-ques an-nées que vous pour-rez ap-pré-ci-er le mé-ri-te de la lec-tu-re, lors-qu'a-vec son se-cours vous pour-rez ren-dre hom-ma-ge au Cré-a-teur de tou-tes cho-ses, con-naî-tre en li-sant les li-vres saints, tou-te l'é-ten-due de ce qu'il a fait pour vous, et les mo-yens de lui en té-moi-gner vo-tre re-con-nais-san-ce.

Par la lec-tu-re, vous pour-rez pré-ten-dre à tou-tes les

con-nais-san-ces. Ou-tre la per-fec-ti-on que vous ac-quer-rez dans l'é-tat que vous em-bras-se-rez, la gé-o-gra-phie vous fe-ra con-naî-tre les di-vers ha-bi-tans de la ter-re, et l'his-toi-re, en vous fai-sant le ré-cit de leurs ac-tions, vous di-ra cel-les que vous de-vez i-mi-ter, et cel-les que vous de-vez re-je-ter. C'est là où

vous pour-rez pui-
ser la vraie sa-ges-se
qui vous fe-ra ché-rir
de vos pa-rens, et
ai-mer de tout le
mon-de.

HISTORIETTES.

D'un enfant diligent
et d'un enfant pa-
resseux.

JAC-QUES n'a-vait que
six ans, et dé-jà il

ai-mait à al-ler à l'é-co-le. Dès que sa mè-re l'é-veil-lait, il se le-vait et cou-rait se fai-re la-ver et pei-gner. A l'é-co-le, il se te-nait tran-quil-le à sa pla-ce, et il é-cou-tait at-ten-ti-ve-ment ce que di-sait le maî-tre. Quand on lui fai-sait u-ne ques-tion, il ré-pon-dait mo-des-te-ment à voix hau-te en re-gar-dant le maî-tre.

Aus-si le pré-cep-teur se plai-sait-il à ins-trui-re Jac-ques, qui é-tait gé-né-ra-le-ment ai-mé de tous les au-tres en-fans, et qui de plus ap-prit à li-re en peu de tems.

Jean, au con-trai-re, pleu-rait tou-jours quand il de-vait al-ler à l'é-co-le. Com-mu-né-ment il venait trop tard, et manquait à faire la prière du matin avec les autres enfans. Lorsqu'on lisait, au lieu de prêter attention, il regardait çà et là, ou bien causait avec d'autres et leur faisait des niches. Lorsque le précepteur racontait quelque chose, jamais il n'écoutait.

Jean ne plaisait

point à ses ca-ma-rades, et il res-ta i-gno-rant tou-te sa vie.

DEMANDES ET RÉPONSES,

A ÉPELER.

Que faut-il pour se vê-tir ?
Des vê-te-mens.
Que faut-il pour cou-vrir ta tê-te ?
Un cha-peau.
Et le cou ? Une cra-va-te.
Et les jambes ?

Des bas.
Et les pieds?
Des sou-liers.
Que faut-il pour bou-cler les sou-liers?
Des bou-cles.
Et pour se pei-gner?
Un pei-gne.
Que faut-il pour voir? Des yeux.
Pour en-ten-dre?
Des o-reil-les.
Pour sen-tir?
Un nez.
Pour cou-rir?
Des pieds.

Pour sai-sir u-ne cho-se ? Des mains.
Pour se dé-sal-té-rer ? De l'eau
Pour cou-per du pain ? Un cou-teau.
Pour a-che-ter quel-que cho-se ? De l'ar-gent.
Pour sci-er du bois ? Une scie.
Pour fen-dre ? Une ha-che.
Que faut-il pour trou-ver u-ne cho-se ? La cher-cher.

Mots plus difficiles à épeler.

In di gna ti on.   Pa ti en ce.
In di vi si bi li té.   Or phe lin.
Pa trouil le.   Ci trouil le.
Bon ne ment.   Vo lail le.
Fau teuil. Feuil le. Phra se.
Ail. Cuir. Co quil la ge.
Scor pi on.   I ne xo ra ble.
Li ma çon.   É pi lep sie.
Ex cel lent.   Prin temps.

La cu rio si té et la gour man di se sont deux vi ces dé tes ta bles que nous de vons é vi ter. Évi tons é ga le ment de nous met tre en co lè re. Res pec tons le mal heur.

J'aime mon Papa et Maman.

Je serai bien sage, et l'on m'aimera bien.

J'irai me promener tantôt, si le temps est beau.

Quand j'aurai bien lu ma leçon, on me donnera des dragées

Les couteaux coupent, les épingles piquent, les chats égratignent, le feu brûle.

Voici un cheval; il a quatre jambes; les oiseaux n'ont que deux pattes; mais ils ont deux ailes; ils volent.

Les poissons ne volent

pas, ils nagent dans l'eau; les poissons ne pourraient pas vivre dans l'air.

Levez la tête, vous verrez le soleil.

FABLE A ÉPELER.

Le Moineau et ses Petits.

Un Moineau avait placé son nid dans le trou d'un mur. Aucune bête malfaisante n'y pouvait parvenir.

Le Moineau élevait tranquillement sa famille. Il aurait été heureux, si ses petits eussent voulu l'écouter; mais à chaque instant ils venaient sur le bord du nid; le pauvre oiseau tremblait, dans la crainte de les voir tomber.

Il voulait les retenir dans le fond du nid, mais ils ne le voulaient point.

Un jour qu'il était sorti, ils se firent un plaisir de lui désobéir. Ils s'éloignèrent, plus que les premières fois, et furent très-loin. N'ayant pas encore de plumes aux ailes, ils ne purent voler, et tombèrent à terre.

Alors ils se repentirent bien de leur imprudence, mais il n'était plus temps.

Un gros chat qui passait

par là les croqua sur le champ. Ce fut ainsi qu'ils furent punis de leur désobéisance.

Cela vous apprend, Enfans, qu'il faut obéir à vos Pére et Mère, et ne rien entreprendre sans les consulter.

La Poule et le le Coq.

FABLE.

Une Poule disait à un jeune Coq son fils, qui s'était perché sur le bord d'un puits : Mon fils c'est là qu'un de vos frères a perdu la vie en essayant de voler dans cet endroit fatal. Craignez que votre témérité ne vous attire le même sort. Le Coq lui promit d'être sage ; mais à peine sa mère l'eut-elle perdu de vue, qu'il vola sur le bord du puits. Il se baisse, voit son image, et celle du grain qu'il tenait à son bec. Oh! dit-il, c'est un Coq qui sans doute se nourrit de grains cachés dans ce lieu qu'on dit si funeste ; voyons si je ne pourrais avoir ma portion de ce butin. A l'instant il s'élance au fond du puits ; mais au lieu du grain qu'il cherchait, il n'y trouva que la mort, qu'il eût évitée, s'il eût suivi les sages conseils de sa prudente mère.

D'un Enfant Imprudent.

Historiette.

Un jour que les parens de Henriette étaient absens, elle dîna seule. Après être rassasiée elle voulut regarder par la fenêtre, et, pour mieux voir, elle grimpa sur une chaise. Elle eut l'imprudence de garder la fourchette à la main; et, ayant fait un faux pas, elle tomba de la chaise. Cette chute fut si malheureuse, qu'elle se donna de la fourchette dans l'œil droit, et qu'elle en eut la prunelle percée. Henriette souffrit de grandes douleurs, et resta borgne pendant toute sa vie.

C'est pour éviter de pareils malheurs, que les parens défendent à leurs enfans de tenir des fourchettes ou d'autres instrumens tranchans à la main quand ils jouent.

La Cigale et la Fourmi.
FABLE.

La Cigale, qui pendant tout l'été n'avait pensé qu'à se donner du temps, se trouva, aux approches de l'hiver, dans une disette extrême. Comme elle ne savait où trouver de quoi subsister, elle eut recours à la Fourmi, et la pria de lui prêter quelques grains. Me refuser, disait-elle, c'est vouloir que je meure de faim; car je n'ai fait, je vous jure, aucunes provisions : Tant pis, repartit la Fourmi, il fallait songer à l'avenir, faire ce que j'ai fait : travailler, remplir ses magasins de bonne heure. Eh ! que faisiez-vous donc, s'il vous plaît, dans la belle saison ! Je chantais jour et nuit, dit la Cigale. Mais vraiment, reprit l'autre en se moquant, vous ne pouviez mieux faire que de penser à vous réjouir. Ainsi, croyez-moi, achevez l'année comme vous l'avez commencée ; et puisque vous en avez employé la moitié à chanter, ne manquez pas d'employer l'autre à danser.

O vous ! qui ne songez qu'à rire et à chanter, jetez quelques regards sur l'avenir, et peut-être serez-vous effrayé de la perspective qu'il vous présente.

LE RENARD ET LE CORBEAU.
AUTRE FABLE.

Un Corbeau tenait un fromage dans son bec. Un Renard en sentit l'odeur, et s'avançant vers le Corbeau : Que vois-je ! lui dit-il d'un air surpris. On m'avait fait entendre que votre plumage était noir. Eh! Grand Dieu, celui d'un Cygne n'est pas plus blanc! De grâce, seigneur Corbeau, permettez que je vous contemple un moment tout à mon aise. Sans flatterie, vous me semblez si beau, que je ne puis me lasser de vous admirer. Mais, ajouta-t-il en adoucissant sa voix, je suis bien persuadé que la beauté n'est pas la seule perfection qui vous distingue. La nature, qui s'est plu à vous rendre le plus accompli de tous les oiseaux, vous a donné sans doute une voix divine; et pour bien chanter, il n'est, j'en jurerais, dans nos bois que vous et le rossignol. A ce discours, le Corbeau, tout transporté d'aise, voulut faire voir que le Renard ne se trompait pas, et ouvrit le bec pour chanter; mais en l'ouvrant il laissa tomber sa proie, et le renard s'en saisissant, prit aussitôt congé du Corbeau, aussi satisfait, disait-il, en le raillant, de la bonté du fromage, que de la beauté de sa voix.

Apprenez que tout flatteur vit aux dépens de celui qui l'écoute.

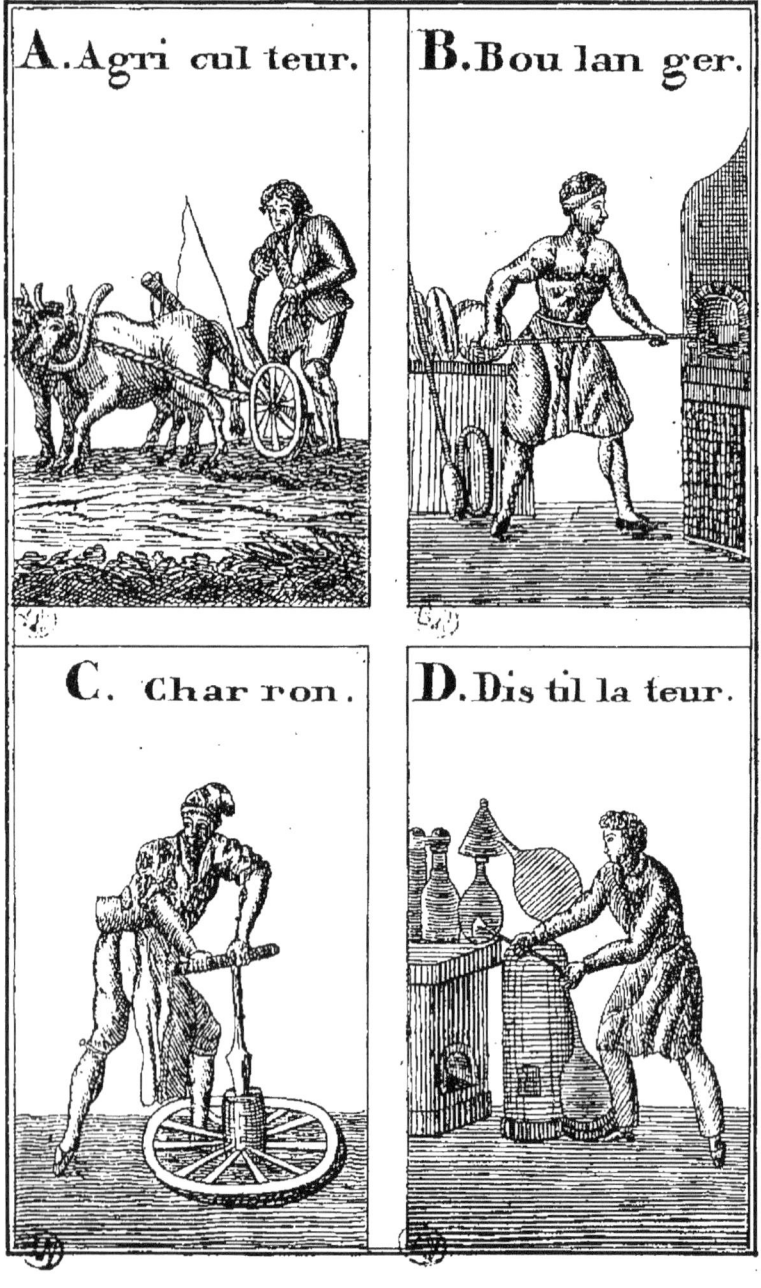

DESCRIPTION
DES
ARTS ET MÉTIERS,
REPRÉSENTÉS
DANS CET ABÉCÉDAIRE.

A. AGRICULTEUR.

L'Agriculteur est celui qui cultive la terre, soit en la labourant soit en la bêchant ou en la piochant, pour faire venir le blé et tous les autres grains et légumes qui servent journellement à notre nourriture.

L'Agriculture est le premier des arts, et chez les anciens peuples cet art était en vénération. Le premier besoin de l'homme est de travailler pour se nourrir; l'Agriculture est indispensable et est la base de la société. L'homme qui se livre à l'Agriculture est respectable, comme étant le plus utile à ses semblables; aussi il a droit à toute notre reconnaissance.

Les travaux de l'agriculture sont des plus pénibles, car il durent toute l'année. A la moisson succède les vendanges et les récoltes de différens légumes, comme les haricots, les courges, les raves, les pommes de terre, etc., et après ces récoltes le laboureur, attèle ses bœufs ou chevaux à la charrue afin de labourer la terre, puis il sème. La saison d'hiver, loin de donner du repos au laboureur, ne fait qu'augmenter ses travaux; c'est dans ce moment qu'il transporte le fumier dans les terres labourées, afin de les rendre fertiles l'année suivante, et rend à la terre sa force nécessaire, pour produire une récolte abondante.

Le Laboureur profite des beaux jours du printemps pour donner le premier coup de labour qui enterre le fumier, et sème à cette époque les orges les avoines et plusieurs autres grains. L'été ne laisse au cultivateur pas un moment de repos, car il est obligé de sarcler les mauvaises herbes qui se reproduisent à chaque instant dans les champs qu'il a semés ; ce travail est très-nécessaire, car s'il laissait croître toutes ces mauvaises herbes, son blé contiendrait une quantité de graines étrangères qui nuiraient à la santé de celui qui consommerait de ce blé mélangé ; on a vu souvent des personnes être malades pour avoir mangé de ce pain fait avec ce blé mêlé de graines, de plantes inutiles et malfaisantes.

L'intempérie des saisons amène souvent de grandes pertes chez l'Agriculteur, la gelée, la grêle, les inondations, les coups de vent, quelquefois peuvent le ruiner.

Après un long travail de onze mois, c'est alors qu'arrive la moisson ; dans ce moment il fait ordinairement une chaleur excessive, mais les momens étant précieux il faut en profiter, et depuis le point du jour jusqu'à la nuit, et quelquefois la nuit le moissonneur, courbé vers la terre, répand ses sueurs pour assurer l'existence à ses semblables, donc le Laboureur est un des hommes les plus utile à la grande société.

B. BOULANGER.

Le Boulanger est celui qui convertit la farine en pain de différentes qualités et formes, par la manipulation que nous décrirons ci-dessous.

Le Boulanger a pour cela une espèce de coffre qu'on appelle PÉTRIN. Son art est des plus utile à la société, et demande beaucoup de précaution pour la préparation et la cuisson du pain. La propreté est également une des premières conditions de cet art.

C'est dans le PÉTRIN qu'on met la farine que l'on délaie avec de l'eau tiède et dont on fait une pâte assez ferme; on a eu soin en même temps de délayer avec cette pâte le LEVAIN qui, mêlé avec la pâte nouvelle, la fait gonfler et la rend plus légère; c'est ce LEVAIN qui donne au pain les trous nombreux que nous y remarquons.

Quand la pâte est bien pétrie, on la coupe par morceaux auxquels on donne la forme que doit avoir le pain; ces mêmes morceaux de pâte sont mis dans des corbeilles que l'on place dans un endroit chaud pour donner à la pâte le temps de lever. C'est pendant ce temps que le Boulanger chauffe le four, et quand il est suffisamment chaud, il en retire le feu et les cendres, après quoi il passe une espèce de bâton au bout duquel il y a une guenille mouillée, afin d'enlever le reste des cendres et charbons qui n'avaient pu être enlevés avant ; cette opération s'appelle le NETTOIEMENT, après quoi le Boulanger prend les corbeilles qui contiennent la pâte et les renverse sur la pelle à four afin d'enfourner (voyez la gravure), et il bouche son four afin de laisser cuire cette pâte ; puis la laissant environ deux heures dans le four, après quoi il retire le pain qui est parfaitement cuit, c'est alors qu'il sert à nos premiers besoins.

Le Pâtissier opère de même que le boulanger, il se sert des mêmes outils, seulement il emploie de la farine d'une qualité supérieure qu'on nomme LA FLEURE, avec laquelle il fait, en y ajoutant du beurre et des œufs, les friandises, tels que brioches, pâtés, tourtes, gâteaux, croquets, etc. L'art du Pâtissier est moins utile que celui du Boulanger qui est très-ancien, et dont on ne peut se passer.

C. CHARRON.

Le Charron est l'ouvrier qui fait les roues de voiture, les voitures, charriots, charrues, charrettes, carrosses et cabriolets.

De tous les ouvriers, le Charron est un des plus utiles, quoiqu'il paraisse moins industrieux que les autres ouvriers qui travaillent également le bois, tels que les charpentiers qui font le comble des maisons, les menuisiers qui font les portes, les fenêtres, les planchers, etc., et les ébénistes qui font tous les meubles nécessaire dans une maison. Le Charron tient une place distinguée parmi les hommes utiles.

Le plus difficile dans le charronnage est de bien faire une roue, il prend pour cela du bois d'ORME parce que ce bois, qui est dur, ne se fend presque jamais et qu'il résiste mieux que les autres bois à la fatigue.

Il fait d'abord plusieurs morceaux qu'il évide un peu avec sa hache et sa plane : ces morceaux se nomment jantes : il réunit ensuite tous ces morceaux un peu courbés, et en forme une roue au moyen de plusieurs rayons qui vont des jantes au moyeu, ou gros morceau de bois percé et arrondi qui se trouve au milieu.

Sur deux roues il monte une charrette, et voilà de quoi rentrer les moissons dans les granges, porter les fruits à la ville, et rendre mille autres services aussi importans. Vous voyez comment les métiers les plus grossiers en apparence sont précisément ceux dont l'utilité est la plus reconnune.

L'art du Charron a pris naissance dans les parties du monde civilisé et industrieux, que la nécessité a poussé à se servir de voitures à roues.

La plupart des peuples sauvages ne s'en servent pas encore, leurs transports s'effectuent au moyen de traînaux et par les animaux élevés à cet usage, tels que les chameaux, les éléphans, les rennes, les mulets les chevaux domestiques et sauvages.

D. DISTILLATEUR.

La distillation offre de grandes ressources au bien commun, en ce que le Distillateur peut retirer des eaux-de-vie, des esprits d'une très-grande quantité de fruits et légumes. Il sait aussi retirer des fleurs des odeurs délicieuses, comme l'eau de rose, de jasmin, d'œillet, de la fleur d'oranger, etc., qui flattent nos sens et nos goûts.

Pour avoir la quintessence d'une liqueur on la met sur le feu, et c'est la vapeur qui s'en élève qui, conduite dans un autre vase par un tuyau, forme cette quintessence.

Nous sommes aussi redevables à l'art du Distillateur d'obtenir les liqueurs fines, le ratafia et les sirops de toutes espèces qui sont de première nécessité dans les maladies.

Le Distillateur doit avoir chez lui pour exercer son art un fourneau sur lequel est un ou plusieurs alambics, des cornues et des refrigérans, c'est-à-dire des vases pleins d'eau prêts à refroidir les liqueurs au fur et à mesure qu'on les distille. Bien que les produits de la distillation n'aient que des goûts très-agréables, il faut néanmoins n'en user qu'avec modération, l'excès étant très-nuisible à la santé.

E. ÉBÉNISTE.

L'art de l'Ebéniste, quoique très-difficile, est un des plus jolis et agréables métiers qu'on connaisse ; il consiste à travailler tous les bois connus, tels que l'acajou, le mérisier, l'orme, le chêne, le noyer, le sapin, le peuplier, le cerisier etc., et à transformer tous ces bois, en secrétaires, lits, commodes, tables et tous les meubles en usage dans une maison.

Les outils des Ebénistes sont à peu près les mêmes que ceux des menuisiers, car les menuisiers font également toutes sortes de meubles.

Autrefois l'ébène était celui de tous les bois le plus employé, aussi ceux qui le travaillaient ont été appelés Ebénistes, cette qualification naturelle leur est réstée.

Cet art qui contribue à la commodité, l'embellissement et l'assainissement de nos appartemens, s'exerce par le moyen de la scie, de la hache, du rabot et de différens outils avec lesquels on creuse le bois en lui donnant les formes carrée ou ronde, puis en le polissant et ajustant les différentes pièces pour former le meuble que veut faire l'Ebéniste.

F. FERBLANTIER.

L'art du Ferblantier est un des plus utiles pour la société. Le fer-blanc est un fer laminé, très-mince, puis étamé des deux côtés. C'est avec ce fer que l'ouvrier fait des casseroles, des gobelets, des lampes, des écumoires, enfin une foule d'autres objets de première nécessité. L'ouvrier ferblantier trace sur sa feuille de fer-blanc les morceaux nécessaires à l'objet qu'il veut établir, puis il prend de gros ciseaux pour couper le fer-blanc, ensuite il ajuste ces pièces et les soude, afin d'achever l'objet après lequel il travaille. Le ferblantier adroit a soin, pour donner plus de valeur et de luxe à sa besogne, de peindre et vernir une grande partie de son ouvrage ; tous les produits ainsi peints et vernis ont une durée beaucoup plus longue que les objets qui ne le sont pas, et qui sont sujets à se rouiller et se détériorer plus promptement.

G. GAZIER.

Le Gazier, comme vous le verrez, travaille sur un métier à peu près semblable à celui du tisserand, ce qui fait que la gaze se confectionne de la même manière que la toile, avec cette différence que la gaze est transparente en raison de ce que les fils qui la composent sont beaucoup moins resserrés que ceux de la toile.

La gaze fait l'ornement d'une toilette recherchée, mise sur un fond rose ou bleu, elle produit un effet merveilleux. Les lingères et les modistes emploient beaucoup de gaze pour les objets de toilette qui leur sont commandés chaque jour. L'art du Gazier n'a rien de bien difficultueux: du goût et de l'attention suffisent pour rendre ce travail convenable.

H. HORLOGER.

L'art de l'Horloger est un des plus appliquans et des plus utiles pour tout le monde, car il consiste à mesurer le temps et régler les occupations.

L'horlogerie ne consiste pas seulement à ne faire que des montres, elle produit également les pendules à poids, sans poids et à musique.

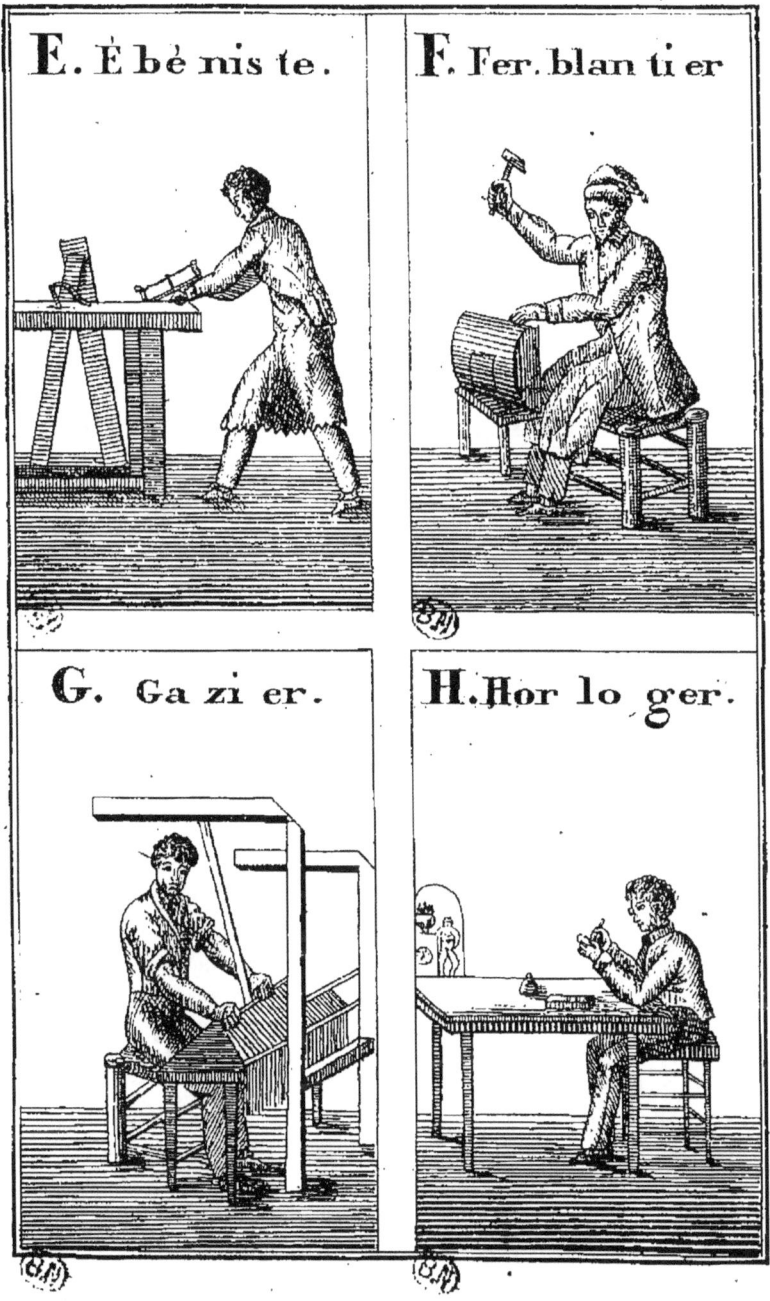

Avant l'invention des montres et pendules on ne connaissait que les cadrans solaires, les sabliers et les horloges qui sont mis en mouvement par l'eau et qui servaient également à mesurer le temps.

Il est très-utile qu'un horloger connaisse l'état mécanique, les mathématiques et l'astronomie. Une montre bien faite ne doit nullement varier, c'est-à-dire qu'elle ne doit ni avancer ni retarder. Les montres et pendules marquent les heures, les quarts d'heure, les minutes et les secondes ; ainsi, mon petit ami, devenez studieux, apprenez bien votre leçon, et votre papa vous récompensera en vous donnant une montre afin de régler vos occupations.

I. IMPRIMEUR.

Cet art ingénieux, qui rend de si grands services à la société, en transmettant la pensée de celui qui a le talent de composer une histoire, un discours, des romances, etc., n'était pas parfaitement connu avant l'année mil quatre cent-quarante, et c'est après cette époque que l'immortel inventeur Jean Guttemberg, de Mayence, fit quelques essais qui ont parfaitement réussi et que depuis jusqu'à nos jours on a perfectionnés.

L'art de l'imprimerie a deux parties différentes, la composition ou assemblage des caractères pour former les mots, puis des pages, enfin un volume comme celui dans lequel vous lisez maintenant, et l'impression, c'est-à-dire l'action d'imprimer sur le papier les caractères tels que vous les lisez, par le moyen de la presse que vous voyez sur la planche.

L'ouvrier chargé de l'assemblage des caractères s'appelle COMPOSITEUR; et celui chargé de l'impression s'appelle IMPRIMEUR.

Il est essensiel que l'ouvrier compositeur soit assez instruit pour éviter de faire des fautes en composant, comme il est de rigueur que l'imprimeur soit doué de force, car ce dernier éprouve plus de fatigue que le compositeur. Mon cher ami, je vous conseille de prier votre papa de vous conduire dans un atelier d'imprimeur, là vous reconnaîtrez que cet art est un des plus beaux et des plus utiles que l'on connaisse.

J. JARDINIER.

Le Jardinier est celui qui cultive les fleurs, les plantes et les arbres qui composent un jardin. Par ses soins nos marchés se trouvent approvisionnés de tout ce que vous mangez journellement en jardinage.

L'art du Jardinier consiste également à former des bosquets, des tapis de verdure, des berceaux, des murs tapissés de verdure, enfin tout ce qui peut contribuer à l'embellissement d'un jardin.

Le Jardinier, avant de récolter ses fleurs et ses fruits, que de soins, que de peines n'a-t-il pas pour bêcher et remuer en tous sens cette terre dans laquelle il sème et plante pour récolter, afin de recueillir un bénéfice proportionné à ses peines. Le Jardinier se sert des outils suivans : la bêche pour retourner la terre, le sarcloir pour nettoyer les allées, la cerpe pour tailler les arbres et la vigne, l'échenilloir pour ôter les chenilles, le vollant pour tailler les arbres de haute taille, les cisailles pour tailler les charmilles et les buis.

Cet art agréable n'a pas été dédaigné par les héros et même des rois qui l'ont exercé, et toutes les personnes qui l'exercent sont dignes de notre reconnaissance.

K. KANGIARDEUR.

Le Kangiardeur, chez les Indiens, est une espèce de saltimbanque ou jongleur ; cet individu va de maison en maison pour opérer des danses en usage dans ce pays ; il fait voltiger d'une main et reçoit de l'autre des boules, des poignards, des épées etc.; ensuite, pour terminer le divertissement il fait ce que font les

sauteurs de ce pays, c'est-à-dire mille petits tours de force accompagnés de grimaces plus ou moins risibles.

Il arrive assez souvent, chez les Indiens, que le Kangiardeur, n'ayant pas satisfait les spectateurs, reçoit une rude bastonnade pour paiement.

L. LUNETTIER.

L'ART du Lunettier n'est pas très-ancien; plusieurs essais en lunettes ont eu lieu, et c'est par ces essais qu'on est parvenu à perfectionner les lunettes qui sont d'un si grand secours pour une multitude de personnes dont la vue est courte ou affaiblie. C'est à tort que souvent on rit ou on se moque des gens qui y ont recours; car celui-là qui se moque peut, d'un instant à l'autre, y avoir recours : un accident une maladie souvent nécessitent l'usage des lunettes.

Les verres à lunettes se font de cette manière, on fond le verre à l'épaisseur convenable, puis on le polit avec précaution; ce sont les verriers qui sont chargés de cet apprêt.

L'art du Lunettier produit encore les télescopes, les microscopes, les polémoscopes, les lanternes magiques, les chambres obscures et une foule d'autres objets autant amusans qu'instructifs.

M. MEUNIER.

L'art du Meunier est un des plus utiles, il serait très-difficile de se passer de moulins.

Cet art consiste à moudre le blé afin d'en obtenir de la farine avec laquelle on fait le pain.

Il y a plusieurs sortes de moulins; le moulin à eau et le moulin à vent, sont presque les seuls en usage dans ces pays.

Le moulin à eau est composé d'une grande roue que l'eau fait tourner; cette roue en fait tourner deux autres par le moyen des engrenages, et ces roues à leur tour font tourner la meule qui est plate et ronde et qui tourne sur une autre meule d'égale grandeur, et c'est en tournant ainsi qu'elle écrase et moud le blé.

Le moulin à vent est fait intérieurement comme le moulin à eau, seulement il est mis en mouvement par le vent qui en chasse les ailes.

En allant visiter un moulin, gardez-vous toujours de l'approcher, des accidens réitérés en ont donné malheureusement trop de preuves.

N. NAVIGATEUR.

L'art du Navigateur est très-ancien, on pourrait même dire qu'il existe depuis le commmencement du monde.

Le Navigateur est celui qui, monté sur un vaisseau quelconque, parcourt les mers soit pour découvrir des pays encore inconnus, ou pour faire le commerce avec les habitans dont les mers nous séparent.

La mer est une quantité immense

d'eau, et lorsqu'on est éloigné du rivage on ne voit plus que le ciel et les flots ; le premier Navigateur a dû être un homme intrépide et courageux, surtout dans ce temps où la navigation était à son enfance.

Un vaisseau n'est autre chose qu'un bateau de la longueur d'une vaste maison à plusieurs étages, où on a bâti dans l'intérieur des magasins, des chambres, des salles, enfin on trouve dans un vaisseau un logement aussi agréable que dans une maison. Ces bâtimens peuvent porter cent à cent-vingt pièces de canon et douze ou quinze cents hommes. Ne pouvant se servir de rames, on y a suppléé par des voiles qui, enflées par le vent, font glisser avec rapidité sur la mer le bâtiment.

Ne sachant jamais au juste, en partant, quand on reviendra, les provisions sont toujours faites au double, dans le cas où il arriverait quelques accidens. Les provisions de mer sont le biscuit, pain très-dur et bien cuit ; de l'eau douce, car on ne peut boire l'eau de la mer

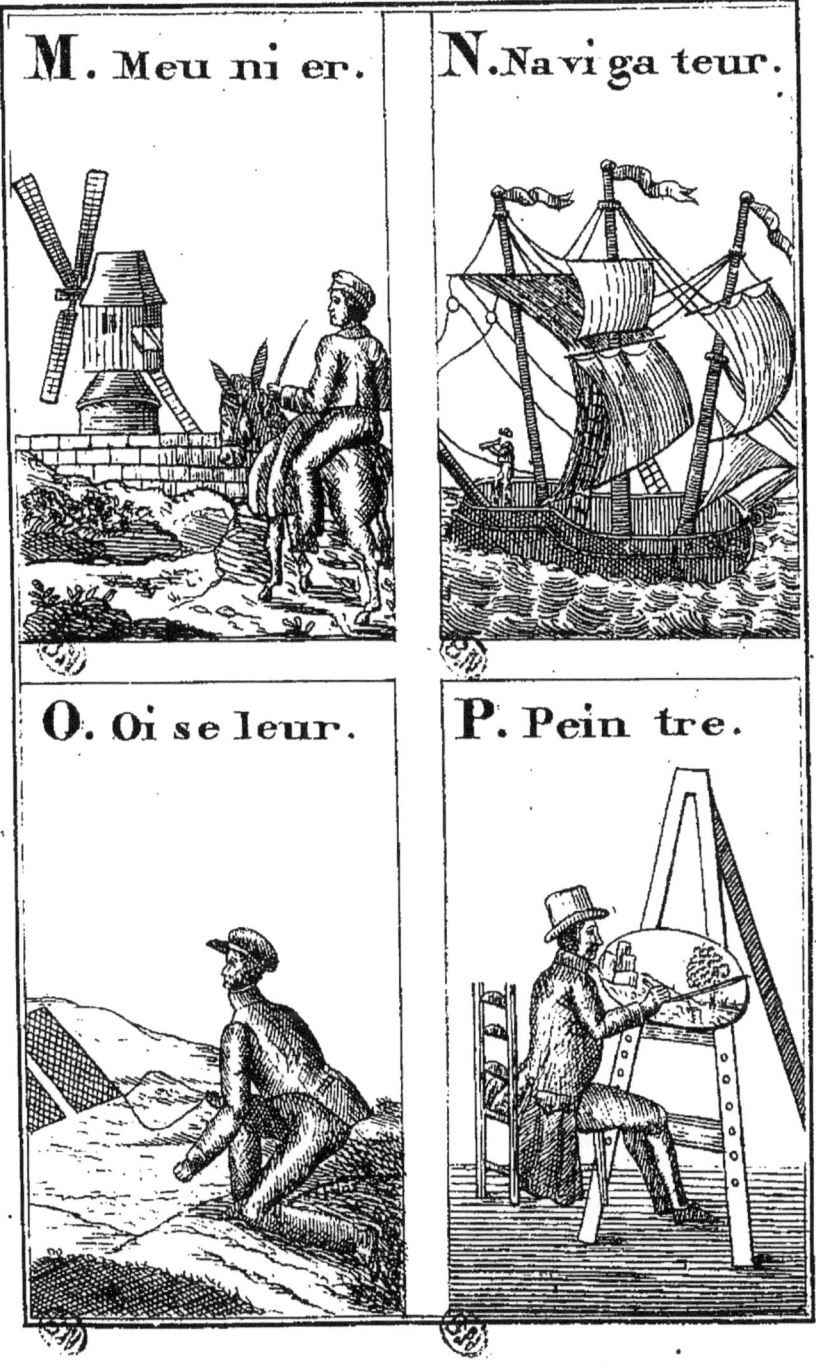

qui est salée et malsaine pour la boisson, et les viandes de bœuf, de porc, de veau, qui sont également salées afin de les conserver pendant le voyage ; les matelots pêchent assez afin d'avoir quelque chose de frais à manger, le poisson de mer est très-doux et n'est nullement salé, comme le pensent bien des personnes.

O. OISELEUR.

L'Oiseleur est celui qui fait métier de prendre par tous les moyens possibles les oiseaux qui tombent dans ses pièges, puis il les élève et les vend. L'Oiseleur vend aussi tous les instrumens nécessaires pour prendre les oiseaux.

On distingue plusieurs genres de chasse ; celle de la pipée est une des plus amusantes et des plus productives ; celle au gluaux est aussi très-amusante ; aussi, comme étant la plus facile, c'est une des chasses qui se fait le plus souvent.

Les alouettes, les cailles se prennent avec un filet. Les Oiseleurs vendent aussi des perroquets, des pigeons, des tourterelles, des merles noirs et blancs, et une foule d'autres oiseaux auxquels ils apprennent à siffler des airs et même à parler.

P. PEINTRE.

L'ART du Peintre est un des beaux arts qui existent; il a pour objet de reproduire les portraits qu'on peut désirer, les paysages, les batailles enfin les plus belles scènes de la nature. Nous n'entrerons pas dans le détail des différens genres de peinture, ils sont trop compliqués.

On ne compte au rang des artistes que les peintres d'histoire, ou ceux qui s'adonnent à faire revivre, par ce beau talent, les hommes qui ont le plus marqué dans ce monde.

Il y a aussi des peintres de paysages, de portraits, et de miniature: ceux qui peignent les enseignes et autres objets de ce genre ont un talent bien moins marquant que ceux dont nous venons de parler plus haut.

Q. QUINCAILLER.

L'homme que vous voyez avec une caisse ou balle derrière le dos, se nomme Quincailler. Cette caisse contient une quantité de divers objets, tels que ciseaux, couteaux, canifs, aiguilles, plumes à écrire, chaînes de montre, etc.

Le Quincailler réunit dans son magasin une foule de marchandises que mille ouvriers différens ont fabriquées; son magasin est comme un réservoir où vient couler l'industrie d'une multitude de personnes et où une foule d'acheteurs viennent puiser selon leur besoin.

Mon petit ami, quand votre papa et votre maman seront parfaitement contens de vous, demandez-leur d'aller visiter le magasin du quincailler, là vous trouverez quelque chose d'utile et d'amusant que vos parens vous achèteront pour vous récompenser.

R. RELIEUR.

Le Relieur est celui qui relie les livres en les fortifiant d'un carton recouvert de papier, de parchemin ou de peau. Assez accoutumément les femmes plient le papier qui doit former le volume à relier, puis elles le coudent, et après le Relieur achève ce volume, selon le goût de la personne qui l'en a chargé.

Le volume dans lequel vous lisez maintenant n'est que broché et non relié. La reliûre est un des plus jolis arts connus, il est même amusant. On distingue plusieurs sortes de reliûres, entre autres celles en maroquin rouge ou vert, celle en veau de différentes couleurs et celle en basane ou peau de mouton apprêtée pour cet usage; ensuite viennent les cartonnages qui sont tout aussi solides et bien meilleur marché.

S. SCULPTEUR.

La Sculpture est un des arts les plus distingués et des plus anciens, car il arrive souvent qu'en creusant on retrouve des statues, des bas-reliefs et des fragmens de sculpture tellement anciens, qu'il est difficile de reconnaître à quelle époque ils ont été sculptés.

Le Sculpteur ou Statuaire a, comme le peintre, le talent de reproduire les traits des personnes dont on désire avoir l'image. La sculpture s'exerce sur le bois comme sur la pierre, c'est-à-dire qu'on fait également en bois ce qu'on fait sur la pierre ou le marbre, et l'on se sert pour cela de gouges, de ciseaux d'acier, et de maillets.

C'est à cet art sublime que nous devons ces statues, ces bas-reliefs, ces guirlandes ces pots de fleurs, ces monumens élevés à la mémoire des morts, qui font l'ornement des palais, des églises, des cimetières, des maisons de plaisance, si nombreuses en Italie, où se trouvent les chefs-d'œuvre de nos plus habiles artistes en Sculpture.

T. TONNELIER.

L'homme que vous voyez frapper sur ce tonneau est le père Jacques, Tonnelier. Les travaux du Tonnelier annoncent les vendanges ; lorsque le raisin mûrit, il faut racommoder les tonneaux, ce moment est le temps le plus fort de l'ouvrage en tonnellerie.

Le Tonnelier ne se borne pas à ne faire que des tonneaux, il faut qu'il soutire le vin, afin d'en extraire la lie, puis qu'il mette en bouteille, car le vin en bouteille se bonifie, et peut se conserver très-long-temps.

Le Tonnelier fait également des seaux, des baquets, des cuves, des barils et plusieurs autres petits ouvrages pouvant contenir des liquides.

U. USURIER.

Le plus vil des métiers est, sans contredit, celui d'Usurier, car il occasionne la ruine d'une masse de familles; aussi avons-nous pensé qu'il n'était nullement déplacé de le signaler ici à l'animadversion publique.

Un Usurier est celui qui prête de l'argent, mais qui le prête à condition qu'on le lui rendra avec des intérêts onéreux, c'est-à-dire que, s'il vous prête cent francs pendant un an, il entend qu'au lieu de lui rendre cent cinq francs, ce qui devrait se faire pourtant, il prétend que vous devez lui rendre cent vingt ou cent trente francs : alors, ce commerce étant défendu, il est en contradiction avec la loi qui s'y oppose, et peut encourir un jugement qui le condamnerait à quinze ou vingt mille francs d'amende et plusieurs années de prison; voilà ce qu'occasionne ce commerce honteux !

V. VENDANGEUR.

Vive la vendange, c'est une époque de joie et d'espérance. Aussitôt que le raisin est suffisamment mûr, on coupe les grappes qui sont jetées dans un panier, afin de les transporter dans la cuve où doit être écrasé le raisin, et où il doit fermenter quelques jours, selon la saison, c'est-à-dire que s'il fait très-chaud le raisin ne fermentera que vingt-quatre heures, et s'il fait froid il restera plus long-temps.

Après cette première opération on prend dans la cuve le raisin qu'on transporte sur le pressoir, où dix ou douze hommes le serrent afin d'exprimer tout le jus que contient le raisin, puis ce même jus est mis de suite dans des tonneaux qui ne sont bouchés que quelques jours après, afin de laisser au vin la faculté de rejeter une masse de pepins et autres ordures qui ont pu se glisser dans le raisin au mo-

ment de la vendange ; voilà la manière dont se fait le vin que vous buvez journellement.

Le temps des vendanges est une fête pour tout le monde, toutefois pourtant si la vigne n'a été ni gelée, ni grêlée, et que la vendange soit abondante. C'est un plaisir que d'assister aux vendanges, petits et grands, tous chantent et sont gais ; aussi il faut les voir le soir rentrer, ils dansent et chantent jusqu'au moment du coucher. Le vin, il est vrai, inspire la joie, mais aussi il faut en prendre modérément pour qu'il fasse plaisir et qu'il soit bienfaisant ; il n'y a rien de pis que l'homme qui se grise, il est plus digne de mépris que de pitié.

X. XYSTE.

Un Xyste était un lieu chez les anciens peuples où des hommes robustes appelés athlètes s'exerçaient à faire des tours de force, à la danse et au combat, et où réunis ils offraient des spectacles de férocité qui ne pourraient maintenant être tolérés dans ce monde civilisé.

Ces athlètes vivaient du produit de leurs peines, et se vouaient au premier venu pour faire tout ce qu'il pouvait désirer ; à cette époque les gens qui exerçaient ce métier n'étaient considés de personne.

Y. YEUX.

Les yeux expriment en partie ce qui se passe dans notre être, c'est pourquoi on les appelle miroir de l'âme.

Nos yeux sont, sans doute, ce que nous devons soigner avec le plus de vigilance, car sans leur secours nous serions aveugles et très-malheureux.

L'Oculiste est celui qui professe l'art de guérir les différentes maladies des yeux; cet art est très-difficile, et le plus souvent sans effet sur le malade qu'il est appelé à traiter ou à opérer.

Pour conserver votre vue, mon ami, il faut être très-sobre dans votre genre de vie, c'est-à-dire, ne commettre aucun excès, alors vous serez sûr de conserver ce que nous avons de plus précieux dans notre personne, car sans la vue vous ne pouvez apprendre que fort peu de chose et par cette raison être à même de gagner honorablement de quoi vivre.

FABLES.

Le Renard et les Raisins.

Un Renard qui mourait de faim, aperçut des raisins qui pendaient du haut d'une treille assez élevée. Ils étaient mûrs, et le drôle en eût volontiers fait son profit, mais il eut beau sauter et re-sauter, la treille se trouva si haute qu'il ne put atteindre. Comme il vit que tous ses efforts étaient inutiles : Ces raisins, dit-il en se retirant tête levée, je les aurais fort aisément, si je voulais ; mais ils me semblent si verts, qu'ils ne valent pas la peine que je me donnerais pour les prendre.

_{Un homme d'esprit feint de ne faire aucun cas des choses qu'il désire le plus.}

La Grenouille et le Bœuf.

UNE Grenouille vit un bœuf qui passait près d'un marécage : Il ne sera par dit, cria-t-elle à sa fille, en se gonflant de toutes ses forces, que ce bœuf me surpassera en grosseur ; regarde-moi bien, me voilà, je crois, pour le moins, aussi grosse que lui. Vous n'en approchez pas, dit l'autre ; m'y voilà donc ? Point du tout. Oh ! poursuivit la grenouille, j'y viendrai, ou je.... La folle n'acheva pas, car pendant que, pour s'enfler encore, elle se roidissait plus que jamais, elle creva.

L'orgueil, l'envie, l'ambition, font qu'on se croit plus grand qu'on ne l'est.

Le Renard et le Bouc.

LE Renard et le Bouc voyageaient ensemble. Un jour qu'ils étaient fort pressés de la soif, ils trouvèrent un puits ; alors ils y descendirent, et s'y désaltérèrent. La difficulté fut d'en sortir. Le puits était assez profond, et le Bouc ne savait qu'imaginer pour en regagner le haut. Camarade, lui dit alors le Renard, il nous est facile de nous tirer tous deux d'ici ; il ne faut pour cela que te dresser sur les pieds de derrière, ensuite appuyer

U. Usurier.	V. Vendangeur.
X. Xyste.	Y. Yeux. Oculiste.

ceux de devant au mur, et te hausser le plus que tu pourras. Je commencerai par grimper le long de ton échine, puis, du haut de tes cornes, je m'élancerai fort aisément sur le bord de ce puits : après quoi, je t'aiderai de manière que tu pourras en sortir à ton tour. Le Bouc approuva l'expédient, et fit si bien que le Renard sortit ; mais celui-ci ne se vit pas plutôt au large, qu'il ne pensa qu'à gagner pays. Tout ce qu'il fit pour l'autre, ce fut de rire, et de l'avertir en le quittant, qu'il pensât à se tirer d'affaire du mieux qu'il lui serait possible.

Le Chat et les Rats.

Un Chat, la terreur des Rats, en avait presque tout détruit la race : il eût bien voulu croquer encore le peu qui en restait ; mais le malheur des premiers avait rendu les derniers plus sages. Ceux-ci se tenaient si bien sur leurs gardes, qu'il n'était pas aisé de les avoir. Je les aurai pourtant, dit le Chat, et bon gré malgré qu'ils en aient. Cela dit, il s'enfarine, et se blotit au fond d'une huche, un Rat qui l'aperçut le prit pour quelque pièce de chair, et s'en approcha ; le Chat se retrouve aussitôt sur ses pattes, et lui fait sentir sa griffe. Un second vint après, puis un troisième, qui fut suivi de plusieurs autres, et de ceux-ci pas un ne s'en retourna. Cependant un dernier, vieux et rusé, mit la tête hors de son trou, et d'abord regarda de tous côtés; puis de là, sans vouloir avancer plus loin, se mit à contempler le bloc enfariné; enfin, secouant la tête : A d'autres, mon ami, s'écria-t-il, il ne te sert à rien à mon égard de t'être ainsi blanchi; quand tu serais farine, sac, huche ou tout ce qu'il te plaira, je n'en approcherai pas en mille ans une fois.

Le Lion et le Rat.

Tandis qu'un Lion dormait, un Rat s'en approcha, fit cent tours autour de lui, enfin s'émancipa jusqu'à sauter sur sa croupe. Le Lion s'en éveilla, et fut sur le point de l'écraser ; mais le jugeant indigne de sa colère, il le lâcha. Celui-ci qui lui devait la vie, trouva bientôt l'occasion de s'en revancher; car quelques jours après le Lion tomba dans les filets des chasseurs ; la forêt retentit de ses rugissemens ; à ce bruit, le Rat accourut, rongea les mailles des réseaux qui enveloppaient son bienfaiteur, et fit si bien qu'il le délivra.

Le Rat de Ville et le Rat des Champs.

Le Rat de ville et le Rat des champs se traitèrent tour à tour. Le dernier commença la fête dans un endroit fort écarté, tira de son trou l'élite de ses provisions des pois, du fromage, et quelque peu de lard. Il était pauvre, ainsi ce fut là tout ce qu'il put servir à son ami, qui plus content du bon accueil de son hôte que de ses mets grossiers, ni touchait par complaisance, que de l'extrémité de la dent. Après ce repas, le Rat de ville invita l'autre à venir le lendemain dîner chez lui ; il lui vanta fort la chère qu'il faisait à la ville. Le campagnard s'y rendit, et trouva dans un fort beau salon le festin préparé, sur un tapis couvert de reliefs de viandes exquises ; mais à peine eut-il commencé à manger, qu'un valet ouvrant brusquement la porte du lieu où il était, vint troubler la joie des deux amis, qui tout épouvantés, s'enfuirent, qui de çà, qui de là. Le valet retiré, le Rat de ville rappela son compagnon, qui demi-mort de la frayeur qu'il avait eue, lui demanda si on lui donnait souvent de pareilles alarmes : à tous momens, répliqua l'autre ; mais il n'est pas de plaisir sans peine. Quels que soient les vôtres, répartit le premier, s'ils ne sont pas tranquilles, ils ne me tentent plus. Adieu, j'ai d'abord envié l'abondance de vos repas, mais comptez que je fais maintenant plus cas du moindre des miens que de tous les vôtres.

NOTIONS D'ARITHMÉTIQUE.

Chiffres Arabes.		*Chiffres Romains.*
Un	1	I.
Deux	2	II.
Trois	3	III.
Quatre	4	IV.
Cinq	5	V.
Six	6	VI.
Sept	7	VII.
Huit	8	VIII.
Neuf	9	IX.
Dix	10	X.
Onze	11	XI.
Douze	12	XII.
Treize	13	XIII.
Quatorze	14	XIV.
Quinze	15	XV.
Seize	16	XVI.
Dix-sept	17	XVII.
Dix-huit	18	XVIII.
Dix-neuf	19	XIX.
Vingt	20	XX.
Vingt-un	21	XXI.
Vingt-deux	22	XXII.
Vingt-trois	23	XXIII.
Vingt-quatre	24	XXIV.
Vingt-cinq	25	XXV.
Vingt-six	26	XXVI.

Vingt-sept	27	XXVII.
Vingt-huit	28	XXVIII.
Vint-neuf	29	XXIX.
Trente	30	XXX.
Quarante	40	XL.
Cinquante	50	L.
Soixante	60	LX.
Soixante-dix	70	LXX.
Quatre-vingt	80	LXXX.
Quatre-vingt-dix	90	XC.
Cent	100	C.
Quatre cents	400	CD.
Cinq cents	500	D.
Millle	1000	M.

Pour bien compter, il faut connaître les chiffres et les quatre règles fondamentales du calcul, qui sont l'Addition, la Soustraction, la Multiplication et la Division.

Il y a dix chiffres dont voici les noms :

1	2	3	4	5
un	deux	trois	quatre	cinq
6	7	8	9	0
six	sept	huit	neuf	zéro

Première règle. L'ADDITION.

Additionner, veut dire assembler. — Si l'on te donnait d'abord une prune, ensuite trois prunes, et après deux prunes, et qu'on te demandât combien tu as de prunes, voici comment il faudrait les poser pour en faire l'addition :

Reçu la première fois,   1 prune.
La seconde fois,   3 prunes.
Et la troisième fois,   2 prunes.

Total, . . . ,   6 prunes.

Pour les additionner, tu diras 1 et 3 font 4, 4 et 2 font 6.

Seconde règle. LA SOUSTRACTION.

Soustraire, veut dire ôter. — Si des 6 prunes qu'on t'a données, on en ôtait 2, combien t'en resterait-il ? Voilà comment il faut faire pour le savoir :

Tu diras : on m'a donné 6 prunes.
     On m'en ôte 2. Qui de 6, ôte 2,
     reste. . 4

Troisième règle. LA MULTIPLICATION.

Multiplier, veut dire augmenter. — Si vous étiez trois enfans, et qu'on voulût vous donner à chacun 4 prunes pour déjeûner, combien en faudrait-il ? Pour le savoir tu diras :

   à   3 enfans
donner   4 prunes.

Il en faut   12, parce que 3 fois 4 prunes font 12 prunes.

Quatrième règle. LA DIVISION.

Diviser, veut dire partager. — Si, quand les 12 prunes ont été apportées, il était venu un petit camarade déjeûner, il aurait bien fallu partager aussi ces 12 prunes avec lui, et alors vous n'auriez pu en avoir chacun 4. Combien donc, en partageant les 12 prunes entre quatre enfans, chacun en aurait-il eu ?

Pour le savoir, il faut dire

$$12 \mid \frac{\text{divisé par } 4}{\text{donnne } 3}$$

Parce qu'en 12 il y a 3 fois 4.

~~~~~~~~~~~~~~~~~~~~~~~~~~~~~

COMPLIMENS.

A SON PAPA.

En te présentant cette fleur,
Ton enfant t'offre peu de chose ;
Mais il te donne aussi son cœur,
Un bon cœur vaut mieux qu'une rose.

A SA MAMAN.

Pour le jour de sa Fête.

Chants de reconnaissance et d'amour,
A ma mère je vous adresse ;
A ma mère dont en ce jour
J'honore la vive tendresse.

Bonne maman, reçois ces fleurs
Que t'offre la main de l'enfance;
C'est le seul encens qu'aux bons cœurs
Présente la douce innocence.

AUX MÊMES.

Pour le jour de leur Fête.

Ce n'est point en offrant des fleurs
Que je veux peindre ma tendresse;
De leur parfum, de leurs couleurs,
En peu d'instans le charme cesse.
La rose naît en un moment,
En un moment elle est flétrie;
Mais ce que pour vous mon cœur sent,
Ne finira qu'avec ma vie.

A PAPA.

Pour le premier jour de l'An.

Si le ciel exauce mes vœux,
Il prolongera tes journées:
Car lorsqu'on fait des heureux,
On ne vit jamais trop d'années.

A MAMAN.

Pour le premier jour de l'An.

Santé, contentement, plaisir,
Sont les souhaits de mon enfance;
Le ciel exauce les désirs
Qui sont formés par l'innocence.

FIN.

Dijon. — Imprimerie de Noëllat fils, rue de la Liberté.

www.ingramcontent.com/pod-product-compliance
Lightning Source LLC
LaVergne TN
LVHW050625090426
835512LV00007B/672